TIBURONES ATERRADORES

Camilla de la Bédoyère

QEB Publishing

Creado para QEB Publishing por Tall Tree Ltd
www.talltreebooks.co.uk
Editores: Jon Richards y Rob Colson
Diseñador: Jonathan Vipond
Ilustración pág. 18–19:
Mick Posen/www.the-art-agency.co.uk

Publicado en los Estados Unidos por
QEB Publishing, Inc.
3 Wrigley, Suite A
Irvine, CA 92618

www.qed-publishing.co.uk

Información disponible sobre el registro CIP de la
Biblioteca del Congreso.

ISBN 978 1 60992 357 0

Impreso en China

Fotografías

(t=arriba, b=abajo, l=izquierda, r=derecha, c=centro,
fc=portada bc=contraportada)
Alamy 28-29 Stephen Frink Collection, 30b WaterFrame;
FLPA 16 Mike Parry/Minden Pictures, 20-21 Norbert Wu/
Minden Pictures, 21b Reinhard Dirscherl, 22-23 Norbert
Wu/Minden Pictures, 27t D P Wilson; **Getty** 1 Stuart
Westmorland, 5b Mark Conlin, 6-7 Doug Perrine; **Nature
Picture Library** 2-3 Alex Mustard, 7b Doug Perrine,
8-9 Doug Perrine, 9t Dan Burton, 14b Alan James,
23t Alex Hyde, 24-25 Alex Mustard, 25t David Fleetham,
26-27 Doug Perrine, 30-31 Jeff Rotman; **Photolibrary**
fc; **NHPA** 4b, 4-5t Burt Jones and Maurine Shimlock,
12b, 33b Charles Hood, 12-13t Charles Hood, 15t Charles
Hood, 17t Oceans Image/Photoshot/Saul Gonor;
Shutterstock bctl, bctr, bcb Ian Scott, 2-3, 4-5, 10-11,
12-13, 14-15, 32-33, 34 EpicStockMedia; **SPL** 10t Andy
Murch, Visuals Unlimited, Inc., 11t Andy Murch/Visuals
Unlimited, Inc., 11b Georgette Douwma, 15b Gerald and
Buff Corsi, Visuals Unlimited, Inc., 17b Andy Murch/
Visuals Unlimited, Inc., 20b Geoff Kidd.

Las palabras en **negrita** se
definen en el glosario de la
página 32.

NIVEL DE TERROR

Este símbolo indica
cómo de aterrador y
peligroso es cada
tiburón.

1 - un poco aterrador

2 - algo aterrador

3 - aterrador

4 - ¡RÁPIDO! ¡ALÉJATE!

5 - ¡AY! ¡DEMASIADO TARDE!

CONTENIDO

Tamaño real

Aprende sobre el tiburón limón en la página 24

GRANDES PREDADORES

Un pez gigante nada a través del océano y su cuerpo crea una sombra oscura en el fondo del mar. Con sus dientes grandes, su velocidad y sus ojos fríos e insensibles, este tiburón es uno de los **predadores** más impresionantes del mundo.

La mayoría de los tiburones son alargados y delgados, pero existen de todos los tamaños y formas. El pez más grande del mundo es el poderoso tiburón ballena. No representa un peligro para los humanos porque se alimenta de pequeños animales llamados **plancton**.

El tiburón ballena es el gigante del océano y crece hasta cerca de los 36 pies (11 metros) de longitud..

El tiburón anguila tiene el cuerpo alargado y delgado, y viven en las profundidades del mar.

Los tiburones han existido desde hace 400 millones de años. Tenían pocos predadores hasta que los humanos empezaron a cazarlos.

Todos los tiburones son peces y comen otros animales, como peces y calamares. Sin embargo, a veces confunden a los humanos con comida y los atacan. Muchos tiburones no confían en los humanos y prefieren evitarlos, pero hay otros más feroces y agresivos.

Este tiburón azul tiene el hocico puntiagudo y los ojos grandes para ver bien en aguas profundas.

TIBURÓN TORO

Este tiburón grande y fuerte es conocido por su naturaleza agresiva. Al tiburón toro se le describe como "malhumorado," es decir, siempre está preparado para pelear.

El tiburón toro, por lo general, vive y caza solo.

La mayoría de los tiburones vive en los mares y los océanos, en donde el agua es salada. El tiburón toro es más adaptable. Vive en las aguas costeras poco profundas, pero también nada en los ríos e incluso en el **agua dulce** de los lagos. Es un poco difícil ver a los tiburones toro ya que generalmente nadan en aguas turbias.

DATO MORTAL

Algunos expertos creen que el tiburón toro es el tiburón más peligroso del mundo.

6

SOBRE EL TIBURÓN

Longitud: hasta 11 pies (340 cm)

Hábitat: costas, ríos y bahías

Dónde: cálidas agua tropicales

Armas:: muy agresivo, gran velocidad, dientes muy afilados

¿ATERRADOR?

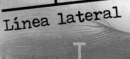

Línea lateral

Sentido sensible

El tiburón toro tiene mala visión. En su lugar, usa su gran sentido del olfato. Al igual que otros tiburones, tiene una línea sensible a lo largo de su cuerpo, llamada línea lateral. Con ella detecta movimiento y vibraciones en el agua

7

TIBURÓN GRIS DE ARRECIFE

A veces los submarinistas se encuentran frente a frente con uno de los tiburones más amenazadores del mundo: el tiburón gris de arrecife. Estos cazadores patrullan los arrecifes de coral en grupos.

DATO MORTAL

El tiburón gris de arrecife patrulla su propia área o territorio, y puede atacar a las personas que se acercan demasiado.

La mayoría de los tiburones son **solitarios** y viven solos. Sin embargo, el tiburón gris de arrecife suele nadar en grupo en aguas tranquilas durante el día. En la noche, se separa del grupo para cazar a su presa. Cuando este tiburón se siente amenazado, levanta el hocico, arquea el lomo y nada con un movimiento ondulado. Este comportamiento amenazador advierte a sus enemigos que se alejen o se preparen para ser atacados.

Banquete de pescado

El tiburón gris de arrecife se alimenta de calamares, pulpos y pequeños crustáceos, como camarones y langostas. También caza peces llamativos que viven entre los corales, como estos atractivos peces mariposa.

SOBRE EL TIBURÓN

Longitud: hasta 8,5 pies (260 cm)

Hábitat: arrecifes de coral

Dónde: océanos Índico y Pacífico

Arma: muchos amigos, muy ágil y 13-14 filas de dientes.

¿ATERRADOR?

EN MOVIMIENTO

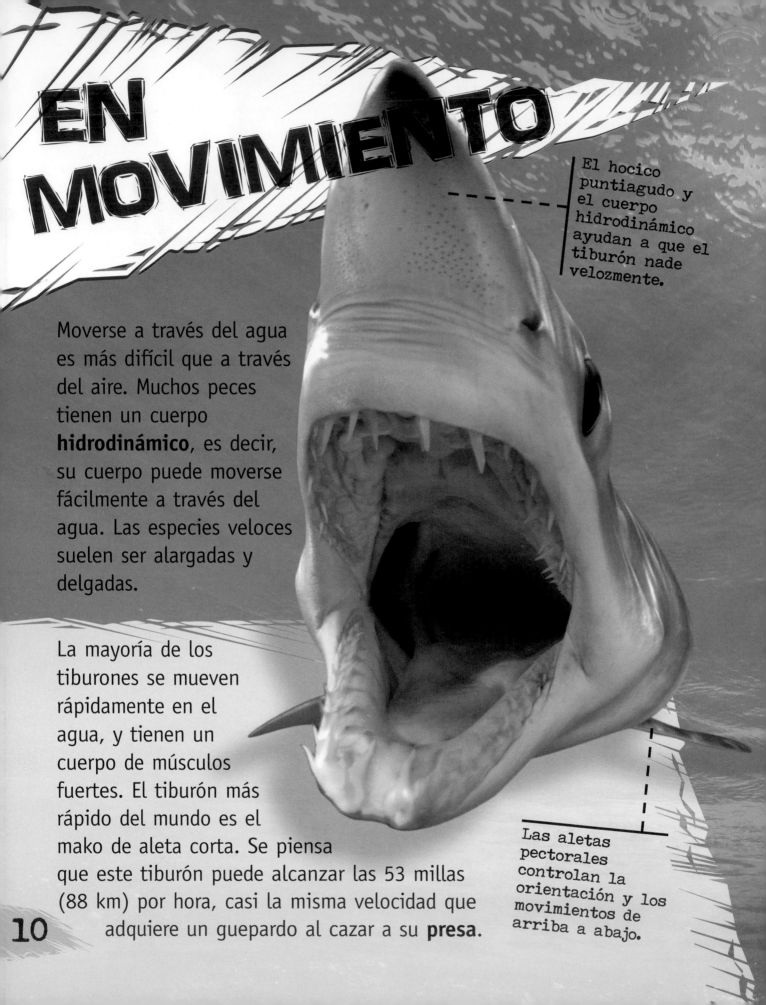

El hocico puntiagudo y el cuerpo hidrodinámico ayudan a que el tiburón nade velozmente.

Moverse a través del agua es más difícil que a través del aire. Muchos peces tienen un cuerpo **hidrodinámico**, es decir, su cuerpo puede moverse fácilmente a través del agua. Las especies veloces suelen ser alargadas y delgadas.

La mayoría de los tiburones se mueven rápidamente en el agua, y tienen un cuerpo de músculos fuertes. El tiburón más rápido del mundo es el mako de aleta corta. Se piensa que este tiburón puede alcanzar las 53 millas (88 km) por hora, casi la misma velocidad que adquiere un guepardo al cazar a su **presa**.

Las aletas pectorales controlan la orientación y los movimientos de arriba a abajo.

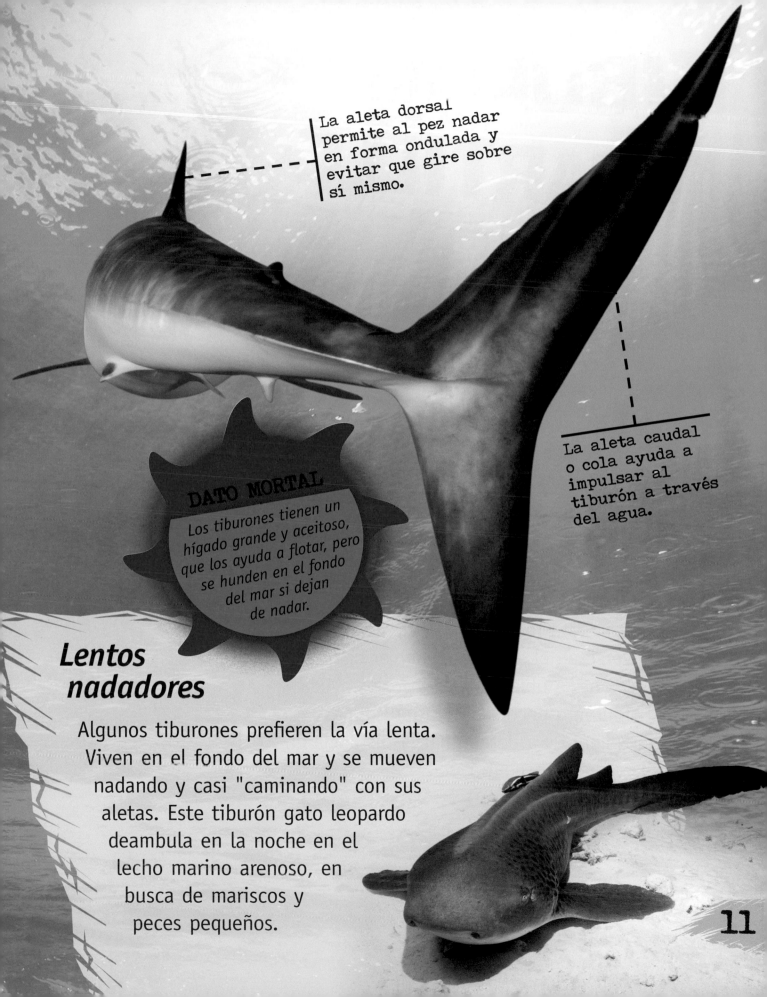

La aleta dorsal permite al pez nadar en forma ondulada y evitar que gire sobre sí mismo.

La aleta caudal o cola ayuda a impulsar al tiburón a través del agua.

DATO MORTAL

Los tiburones tienen un hígado grande y aceitoso, que los ayuda a flotar, pero se hunden en el fondo del mar si dejan de nadar.

Lentos nadadores

Algunos tiburones prefieren la vía lenta. Viven en el fondo del mar y se mueven nadando y casi "caminando" con sus aletas. Este tiburón gato leopardo deambula en la noche en el lecho marino arenoso, en busca de mariscos y peces pequeños.

TIBURÓN MARTILLO

Existen cerca de 400 tipos o **especies** diferentes de tiburones, y algunos tienen una forma muy particular, como el tiburón cabeza de martillo. Al igual que su pariente, el tiburón cornuda común, el tiburón martillo tiene una apariencia muy especial.

Las fosas nasales del tiburón martillo están en los extremos de la cabeza. Esto le ayuda a determinar de dónde vienen los diferentes olores.

La cabeza del tiburón martillo es gigante y ancha, y los ojos están a los lados de la cabeza. Esta forma ayuda al predador a moverse en el agua y a cambiar de dirección. La ubicación de los ojos ayuda al tiburón a encontrar a su presa más fácilmente y a determinar la distancia en la que se encuentra.

DATO MORTAL

Al tiburón martillo le gusta darse un banquete de mantarrayas venenosas, e incluso pueden comerse la cola venenosa.

Lucha por la supervivencia

El tiburón martillo puede vivir por 30 años, pero muy pocos logran alcanzar esa edad. Están amenazados, es decir, están en peligro de **extinción** porque muchos han sido pescados en el mar. Estos tiburones también son **caníbales**, y los adultos generalmente cazan a los miembros más jóvenes de su misma especie.

SOBRE EL TIBURÓN

Longitud: hasta 20 pies (610 cm)

Hábitat: aguas costeras y bahías

Dónde: en todo el mundo

Armas: buena visión **binocular** y dientes filosos

¿TERRADOR?

TIBURÓN PEREGRINO

La gigante boca del tiburón peregrino es tan grande que cabe hasta un niño. Afortunadamente, a este tiburón no le interesa cazar humanos porque ¡sólo come plancton!

SOBRE EL TIBURÓN

¿ATERRADOR?

Longitud: hasta 39 pies (1.200 cm)

Hábitat: costas y profundidad de los océanos

Dónde: en todo el mundo

Arma: una boca MUY grande

El tiburón peregrino más grande pesa hasta 19 toneladas, casi cinco veces el peso de un elefante.

El agua y el plancton entran en la gran boca del tiburón.

El agua pasa a través de las branquias, pero el plancton queda atrapado.

Las gigantes aberturas a los lados de la cabeza del tiburón peregrino se llaman hendiduras branquiales. Los peces usan las **branquias** en lugar de pulmones para respirar debajo del agua. El agua, el cual contiene oxíeno, pasa a través de la boca y sale por las branquias. El tiburón peregrino también usa las branquias para atrapar el plancton y así alimentarse.

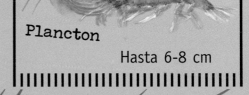

Plancton

Hasta 6-8 cm

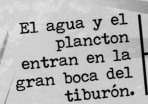

El tiburón peregrino suele nadar cerca de la superficie del mar, e incluso pueden brincar fuera del agua.

Un tiburón misterioso

Los tiburones son criaturas misteriosas y falta mucho por descubrir sobre su comportamiento. Se sabe que el tiburón peregrino nada largas distancias en primavera y verano, pero nadie sabe a dónde va desde noviembre hasta marzo.

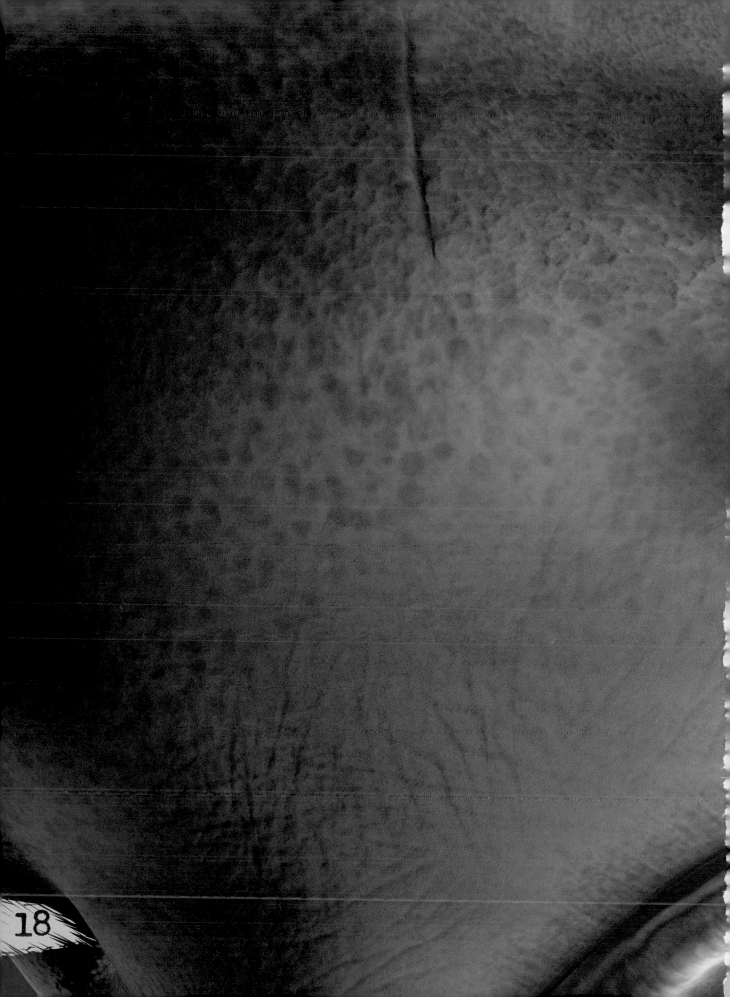

GRAN TIBURÓN BLANCO

La mordida del tiburón blanco es tres veces más fuerte que la de un león.

¿Es el gran tiburón blanco el predador más feroz de los océanos? Ciertamente tiene todo lo que necesita para cazar, atrapar y matar a su presa.

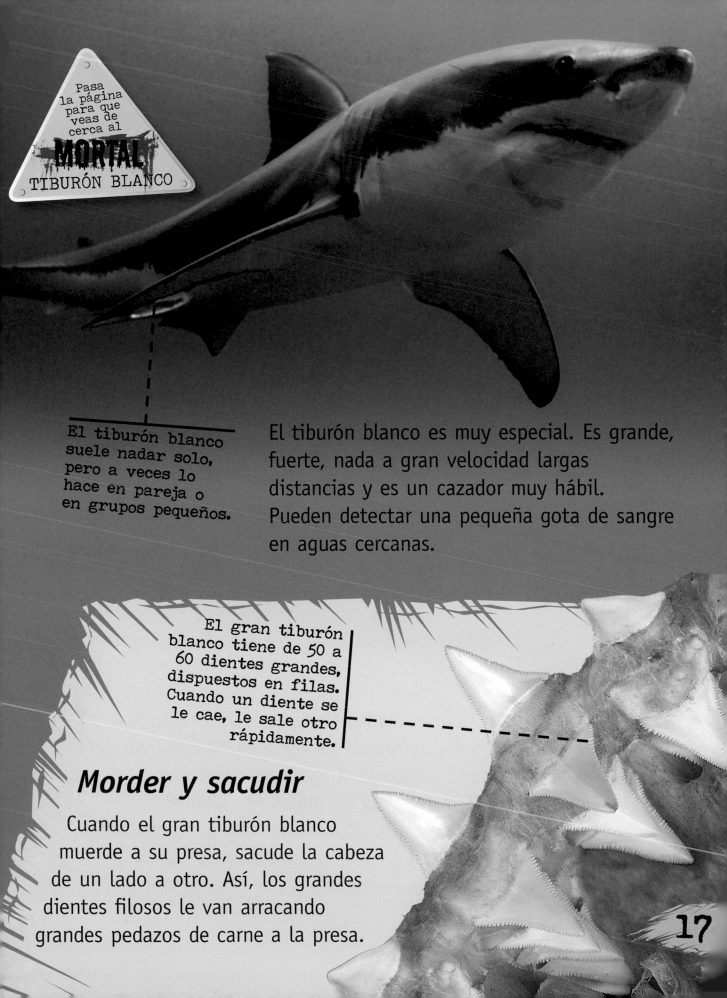

Pasa la página para que veas de cerca al

MORTAL

TIBURÓN BLANCO

El tiburón blanco suele nadar solo, pero a veces lo hace en pareja o en grupos pequeños.

El tiburón blanco es muy especial. Es grande, fuerte, nada a gran velocidad largas distancias y es un cazador muy hábil. Pueden detectar una pequeña gota de sangre en aguas cercanas.

El gran tiburón blanco tiene de 50 a 60 dientes grandes, dispuestos en filas. Cuando un diente se le cae, le sale otro rápidamente.

Morder y sacudir

Cuando el gran tiburón blanco muerde a su presa, sacude la cabeza de un lado a otro. Así, los grandes dientes filosos le van arracando grandes pedazos de carne a la presa.

17

Tamaño real

El gran tiburón blanco tiene el cuerpo en forma de torpedo, así puede moverse en el agua con facilidad. Cuando va a atacar, alcanza una velocidad de hasta 15 millas (24 kilómetros) por hora, potenciado además por su fuerte cola. Los tiburones suelen atacar por debajo para que la presa no los pueda ver.

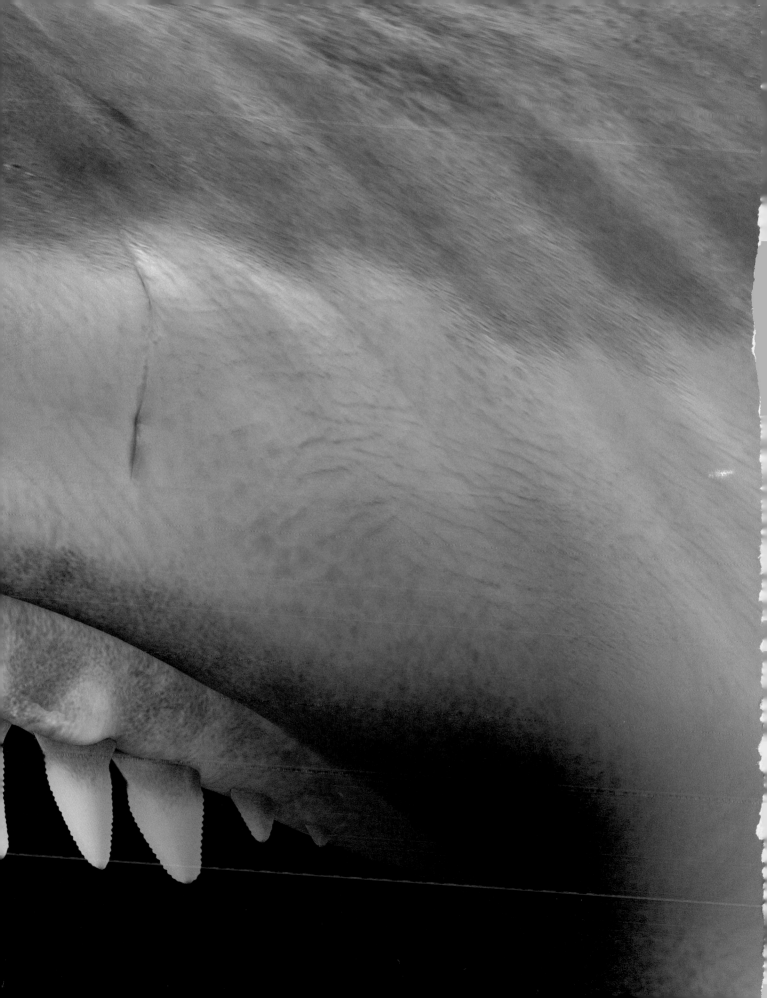

TIBURÓN TIGRE

Conoce al aterrador tiburón tigre, uno de los tiburones más peligrosos del mundo. Este depredador ha sido comparado con recogedores de basura porque se come casi todo lo que ve a su paso.

Se llama tiburón tigre porque su piel tiene rayas y manchas oscuras.

El tiburón tigre es un cazador hambriento y furioso, y busca su alimento cerca de las costas. La mayor parte del día se desplaza lentamente a través del agua, pero acelera la velocidad si ve algo apetitoso. Se alimenta de tortugas de mar, almejas, rayas, culebras de agua, focas, pájaros y calamares.

Los dientes del tiburón tigre es aserrado, como el de una sierra. Cuando muerde a su presa, mueve la cabeza de un lado a otro para cortar la carne.

Longitud: hasta 18 pies (550 cm)

Hábitat: costas, arrecifes, malecones y desembocadura de ríos

Dónde: cálidas aguas tropicales

Arma: reemplazo de dientes

Carroñero

Este tiburón es **carroñero**, es decir, se da banquetes de animales que ya están muertos. En su estómago se han encontrado botellas, trozos de madera, neumáticos, ¡incluso tambores!

ESQUELETOS Y ESCAMAS

Muchos peces tienen un esqueleto óseo, el cual le da forma al cuerpo. Pero los tiburones no tienen huesos. Su esqueleto es de un material fuerte y flexible llamado **cartílago**.

DATO MORTAL

Los dientes de los tiburones hacen daño, pero su piel también. Su textura áspera puede desgarrar la pierna de un nadador.

Denticulos
dérmicos

Este tiburón cebra
tiene manchas que
lo ayudan a
esconderse en el
fondo del mar.

La piel del tiburón tiene escamas cubiertas de esmalte, el mismo material que hace que nuestros dientes sean duros. Estas escamas se llaman **denticulos** dérmicos. Los denticulos ayudan a que el agua se deslice suavemente sobre el tiburón para que éste pueda nadar rápido.

Colores y apariencia

Algunos tiburones tienen colores y apariencias que los ayudan a esconderse de otros animales. Esto se llama **camuflaje**. La extraña forma de este tiburón alfombra y los apéndices en la boca son un buen disfraz.

2

TIBURÓN LIMÓN

El tiburón limón es grande y costero. Durante el día, prefiere permanecer cerca de las costas, en aguas cálidas y poco profundas. En la noche, nada hacia aguas más profundas.

El tiburón limón tiene la cabeza ancha y plana.

SOBRE EL TIBURÓN

¿ATERRADOR?

Longitud: hasta 11 pies (340 cm)

Hábitat: arrecifes, manglares, bahías y desembocaduras de ríos

Dónde: aguas cálidas americanas y del oeste de África

Armas: sensores eléctricos especiales y dientes triangulares

El tiburón limón tiene los ojos pequeños y mala visión. Las aguas costeras en donde vive son por lo general turbias, así que la visión no le sirve para encontrar a sus presas. En su lugar, usa los **sensores** magnéticos que tiene en el hocico, que lo ayudan a encontrar peces y crustáceos en el fondo del mar.

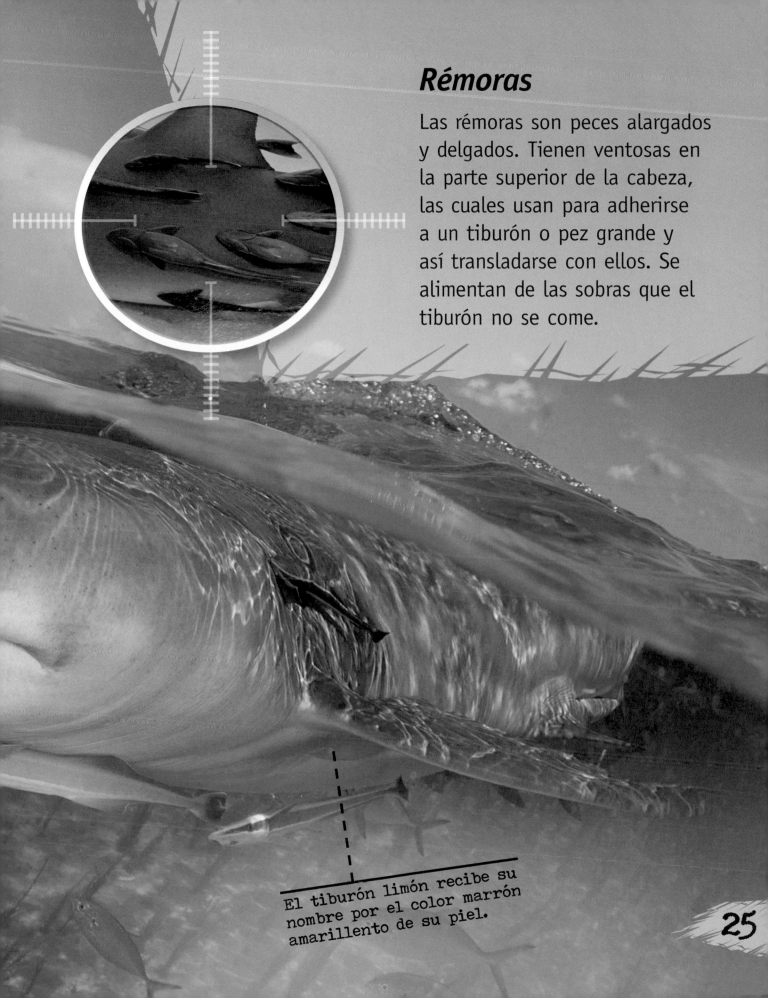

Rémoras

Las rémoras son peces alargados y delgados. Tienen ventosas en la parte superior de la cabeza, las cuales usan para adherirse a un tiburón o pez grande y así transladarse con ellos. Se alimentan de las sobras que el tiburón no se come.

El tiburón limón recibe su nombre por el color marrón amarillento de su piel.

HUEVOS Y CRÍAS

Muchos peces ponen huevos, pero los tiburones son diferentes. Muchos de ellos no ponen huevos. En su lugar, dan a luz a sus bebés. A un tiburón joven se le llama **cría**.

El tiburón limón da a luz a hasta 17 crías en un año.

La mayoría de los tiburones madre mantienen a sus crías dentro de su cuerpo, así están protegidas de los predadores el mayor tiempo posible. Cuando las crías nacen, pueden nadar y alejarse de su madre. Los tiburones no cuidan de sus crías después de nacer.

Monedero de sirena

Los tiburones que ponen huevos, como el tiburón gato, lo hacen en una cápsula gruesa y elástica llamada monedero de sirena. Estas cápsulas se adhieren a las piedras o algas a través de unos hilos, así no se alejan con la corriente. La cría del tiburón se incuba adentro de ellas hasta un máximo de diez meses.

Tamaño real

Hasta 3,2 pulg. (8 cm)

Este tiburón limón recién nacido se aleja de su madre nadando.

DATO MORTAL

Las crías que crecen adentro de su madre pueden comerse unos a otras, incluso antes de nacer. A veces solo sobreviven una o dos crías.

27

TIBURÓN SIERRA

El extraño hocico de este tiburón representa más de un cuarto del largo de su cuerpo. El tiburón usa su peculiar hocico como un arma letal y para encontrar a su presa.

Los lados del hocico tienen filas de dientes.

Hasta 17,6 pulg. (45 cm)

El tiburón sierra tiene un cuerpo pequeño y plano, ya que vive y nada en el fondo del mar. Ahí caza peces pequeños, calamares y camarones. Su largo hocico, llamado sierra, está rodeado de dientes largos y afilados. Los largos tentáculos en el hocico, llamado barbillones, se usan para el tacto. También tiene dientes en la mandíbula, que usa para morder.

Al nadar en el lecho marino, el tiburón usa sus barbillones para detectar a las presa que se esconden bajo la arena.

28

¿ATERRADOR?

SOBRE EL TIBURÓN

Longitud: hasta 4.6 pies (140 cm)

Hábitat: fondo del mar de las zonas costeras

Dónde: sur de Australia

Arma: detectores sensible y dientes pequeños y afilados

DATO MORTAL

El tiburón sierra siente la electricidad a través de unos órganos llamados ampollas de Lorenzini. Son orificios pequeños llenos de sustancia gelatinosa.

Sentido eléctrico

Además de usar el hocico para atacar a su presa y buscar en la arena a los animales que ahí se esconden, estos tiburones también lo usan para ¡detectar electricidad! Todos los animales usan energía para mover sus músculos, y los tiburones tienen órganos sensoriales que los ayudan a detectarla.

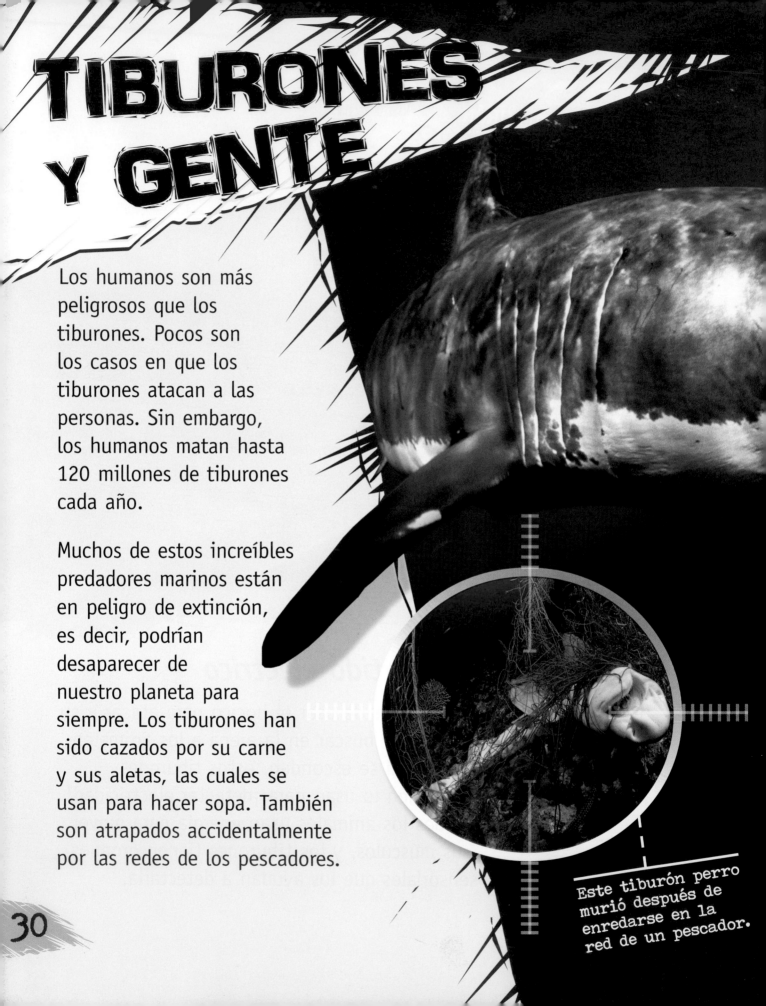

TIBURONES Y GENTE

Los humanos son más peligrosos que los tiburones. Pocos son los casos en que los tiburones atacan a las personas. Sin embargo, los humanos matan hasta 120 millones de tiburones cada año.

Muchos de estos increíbles predadores marinos están en peligro de extinción, es decir, podrían desaparecer de nuestro planeta para siempre. Los tiburones han sido cazados por su carne y sus aletas, las cuales se usan para hacer sopa. También son atrapados accidentalmente por las redes de los pescadores.

Este tiburón perro murió después de enredarse en la red de un pescador.

Los científicos pueden estudiar a los tiburones de cerca gracias a las jaulas antitiburones.

Proteger a los tiburones

Los tiburones son esenciales en nuestros mares. Ellos forman parte del ecosistema marino y juegan un papel importante en el equilibrio de los océanos. Podemos protegerlos evitando comprar productos de tiburones y al aprender mucho más sobre estos majestuosos peces.

DATO MORTAL

En el pasado existieron diez veces más tiburones de los que hay hoy en día en nuestros océanos.

GLOSARIO

agua dulce
Agua que no es salada, como la de los lagos y los ríos.

binocular
Mirar con los dos ojos. La visión binocular es buena para cazar.

branquia
Órgano que usan los peces para respirar. Las branquias extraen el oxígeno del agua.

camuflaje
Apariencia y colores en el cuerpo del animal, que lo ayudan a esconderse de sus depredadores.

canibal
Animal que se come a los de su misma especie.

carroñero
Animal que se alimenta de animales muertos. Algunos tiburones son carroñeros.

cartílago
Tejido fuerte y flexible en el cuerpo de los animales. El esqueleto de los tiburones es de cartílago.

cría
Bebé de un tiburón.

dentículo
Fuertes escamas en la piel del tiburón que lo ayudan a nadar más rápido.

especie
Un tipo de planta o animal. Miembros de una misma especie se reproducen y tienen crías.

extinto
Especies de animales que ya no existen.

hidrodinámico
Forma del cuerpo que permite que los fluidos pasen fácilmente alrededor de ellos.

plancton
Plantas y animales pequeños que flotan en los océanos

predador
Animal que caza otros animales para comer.

presa
Animal cazado por predadores.

sensores
Órganos de los animales que responden a estímulos como la luz y el magnetismo.

solitario
Vivir solo, alejado de otros miembros de la misma especie.

MÁS ALLÁ

¿Por qué un tiburón es "aterrador"? Decídelo tú mismo.

- Elige algunas características aterradoras, como la velocidad, tamaño, hábitat, personalidad agresiva y comida favorita.

- Usa este libro y la Internet para decidir cuántos puntos (máximo 5 pts.) se merece cada característica aterradora del tiburón. Repite con tantos tiburones como desees.

- Transfiere los resultados a una tabla o gráfico, y luego suma el total para obtener el "resultado aterrador" de cada tiburón.

5 DATOS ATERRADORES

- Los tiburones pueden ver en la oscuridad, pero es probable que no puedan diferenciar los colores.

- Una gran comida puede mantener satisfecho a un tiburón por meses.

- Los tiburones pierden miles de dientes en su vida, pero son reemplazados por dientes nuevos.

- Existen casi 400 especies de tiburones diferente, pero sólo 12 de ellos son peligrosos para los humanos.

- El tiburón linterna enano es el tiburón más pequeño del mundo. Crece hasta sólo 8 pulgadas (20 cm) de largo.

ÍNDICE